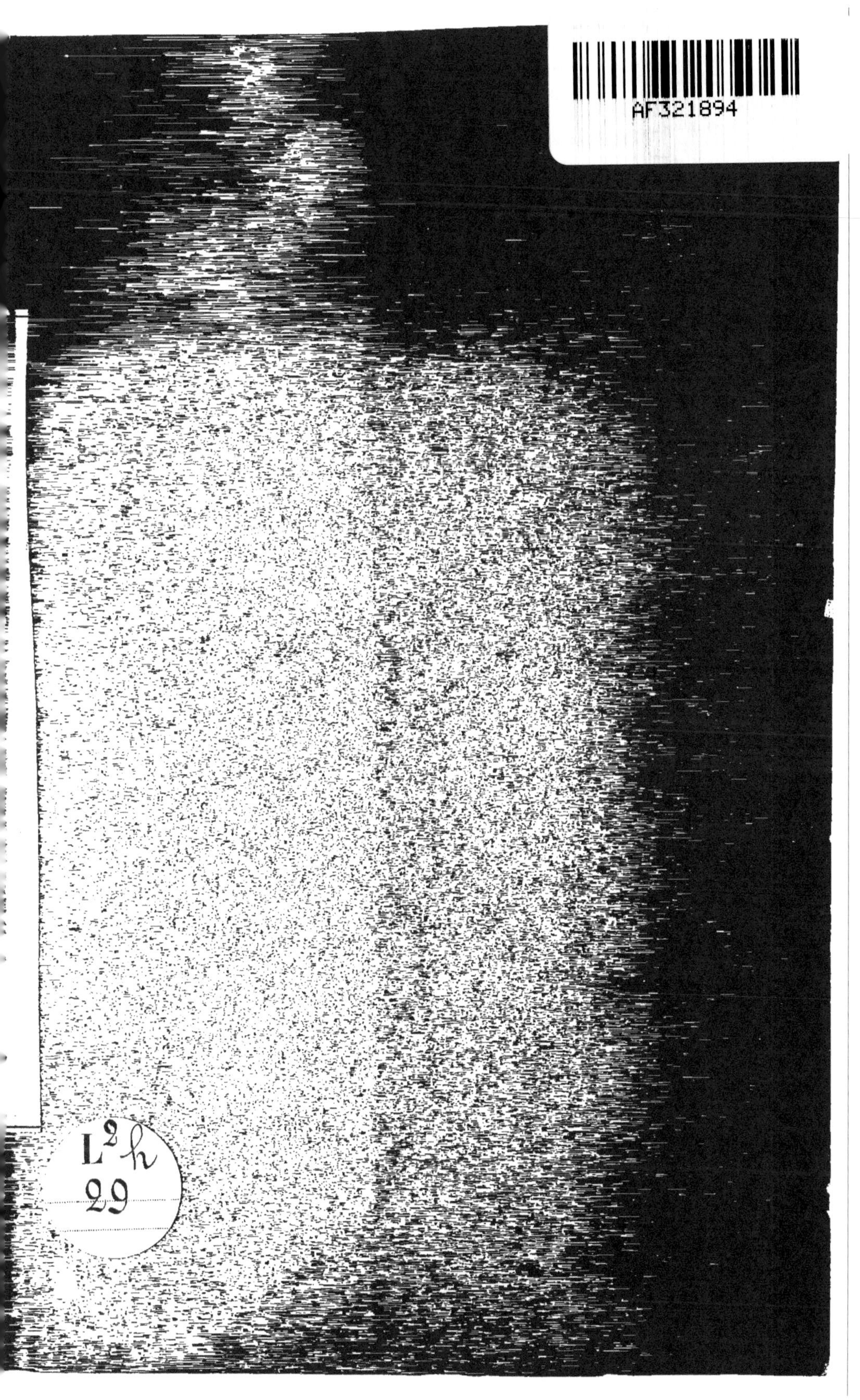

[...] DU DUC D'ORLÉ[ANS]

PAR

OSCAR DE VALLÉE

SÉNATEUR

EXTRAIT DU *CORRESPON[DANT]*

PARIS

E. DE SOYE ET FILS, IMPR[IMEURS]

18, RUE DES FOSSÉS-SAINT-JACQUES

1870

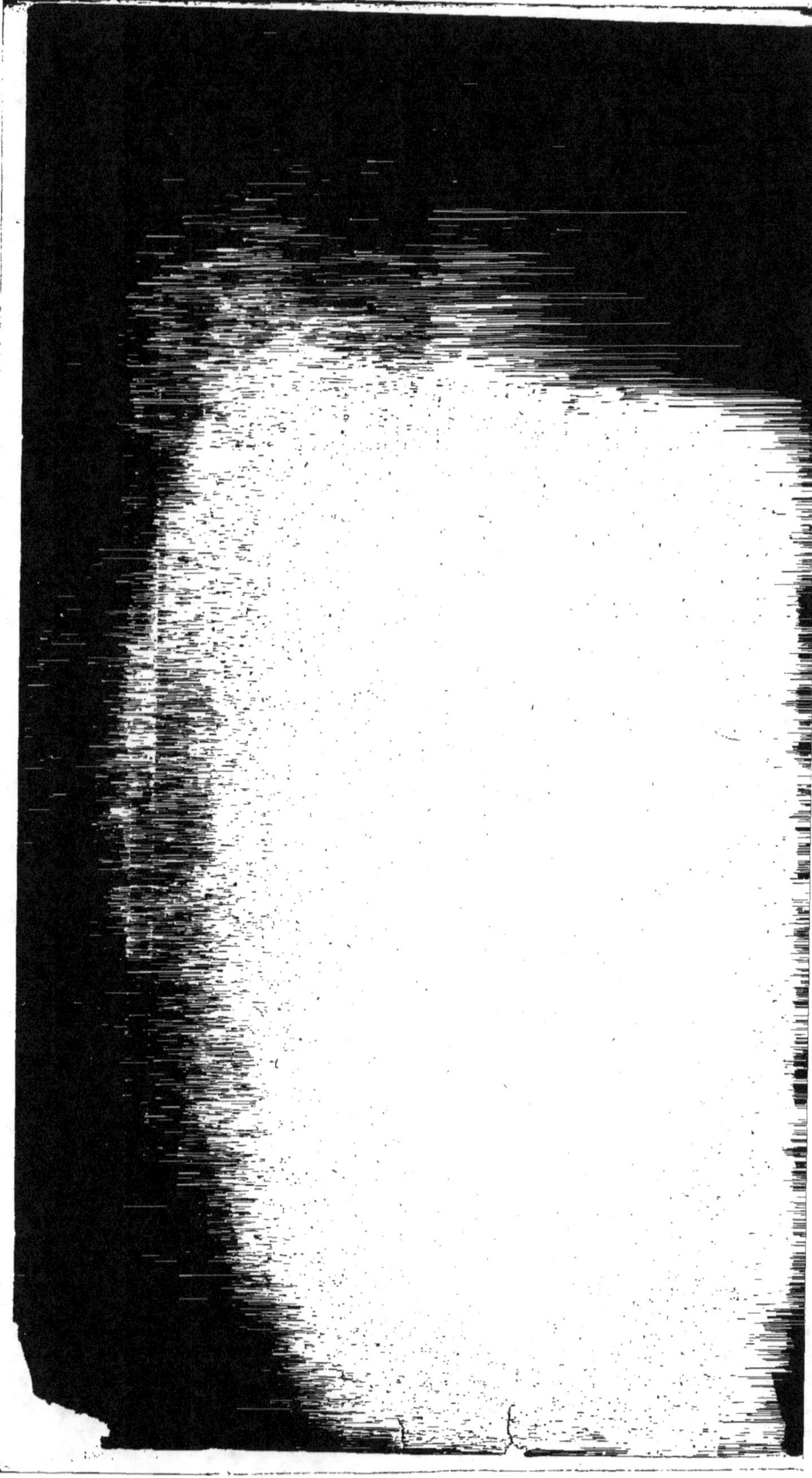

RÉCITS DE CAMPAGNE

DU DUC D'ORLÉANS

PAGES D'HISTOIRE

RÉCITS DE CAMPAGNE

DU DUC D'ORLÉANS

PAR

OSCAR DE VALLÉE

SÉNATEUR

EXTRAIT DU *CORRESPONDANT*

PARIS

E. DE SOYE ET FILS, IMPRIMEURS

18, RUE DES FOSSÉS-SAINT-JACQUES, 18

1890

PAGES D'HISTOIRE

RÉCITS DE CAMPAGNE

DU DUC D'ORLÉANS

La France n'avait gardé du duc d'Orléans qu'un souvenir ému. Elle ne le connaissait qu'à moitié. Sa grâce élégante, son charme personnel, ce qu'on appelait son libéralisme, formaient les traits principaux de la physionomie sous laquelle on l'apercevait. Sa mort seule le fit entrevoir dans sa réelle importance et dans sa réelle grandeur. La douleur publique l'éleva instinctivement à sa véritable hauteur, mais même alors on ne le connaissait qu'imparfaitement. Les ennemis de la monarchie de Juillet l'avaient défiguré; ses amis l'avaient tenu caché; le régime le dissimulait et ne laissait voir de lui que les surfaces. Après bien longtemps, après les évènements les plus divers, après tous nos malheurs et tous nos désastres, les princes, ses fils, ont voulu donner de lui une image exacte et une peinture fidèle. — Ils n'ont pas eu besoin de l'orner, ils n'ont eu qu'à publier ce qu'il avait écrit, et, par ce simple procédé, ils ont donné de lui un portrait dont j'ai pu dire, sans exagération ni flatterie, sans aucune préoccupation politique, qu'il avait en plus d'un trait le visage même de la France. — Ce doit être, au milieu des plus cruelles épreuves, une grande joie, une joie qui remplit l'âme, de pouvoir dire à un pays qu'on ne peut plus servir : Voilà notre père. Il a aimé la France avec passion, il l'a servie avec éclat, et tout ce qui est sorti de son cœur, de son esprit, de ses lèvres et de sa plume, atteste qu'il n'y a pas eu de meilleur Français que lui et qu'il y a eu dans le passé comme dans le présent peu de princes aussi distingués. On se mire dans son père comme dans son fils; et si, d'un côté, l'espérance s'ajoute à l'orgueil, de l'autre, il y a des exemples recueillis par la tendresse qui peuvent beaucoup aider la fortune. Mais si je l'osais, j'adresserais un reproche aux éditeurs de ce nouveau volume. En publiant les *Lettres* séparément, ils couraient risque de provoquer des jugements incomplets. Je sais plus d'une personne qui, n'entrant pas attentivement dans les détails de cette correspondance et s'arrêtant au début, ne l'ont pas goûtée autant que moi. Moi-même, en lisant ce nouveau volume, je me suis aperçu qu'avant de l'avoir lu et malgré les révélations que m'avaient fournies les *Lettres*, je ne connaissais bien dans le duc d'Orléans ni l'écrivain ni le capitaine. Le portrait était inachevé en dépit du charme de l'esquisse ; il s'achève maintenant.

Cette fois, c'est M. le duc de Chartres qui a écrit la préface. Elle est courte, mais elle est traversée par un frisson militaire qui agite visiblement la plume et qui se communique. Il y a dans ces pages du fils et du prince, mais il y a aussi du Français, du soldat et du capitaine ; on le sent tout de suite ; ce petit-fils de roi a été soldat et soldat volontaire. Il est venu à l'heure la plus cruelle de nos revers, caché sous son nom de capétien, se mettre comme un conscrit dans les rangs d'une armée qui portait les dernières espérances de la patrie.

Le prince impérial m'a raconté qu'au moment où il venait d'arriver à Douvres, exilé par la défaite, il s'était rencontré dans l'escalier de l'hôtel avec M. le duc de Chartres qui rentrait en France et qu'ils avaient échangé un salut. L'enfant exilé gagnait la terre d'exil. Le duc de Chartres courait au secours de la France envahie. Mais à peine était-il dans les rangs de l'armée que le César usurpateur et républicain qui régnait et gouvernait depuis le 4 septembre le faisait rechercher comme s'il n'avait pas quitté lui-même ses insignes et son titre pour pouvoir verser son sang parmi les soldats volontaires. Mais, quoi qu'on eût fait, on n'a pu déchirer cette page de notre histoire, elle est de celles dont un peuple généreux garde la mémoire. L'amour du duc de Chartres pour la France a résisté à cette épreuve et, sachant bien que ce n'est pas à elle qu'il a rien à reprocher, il écrit : « Ces pages, qui n'ont jamais été écrites pour être publiées, font assez voir quels mobiles ont dirigé toute la vie militaire de notre père, le sentiment de l'honneur et le respect du devoir. On y sentira, croyons-nous, le souffle d'une noble ambition, d'un ardent amour de la grandeur de la France, et tous ceux qui liront les adieux du duc d'Orléans et de sa division (Alger, 1839) comprendront qu'il fut justement fier de commander à de tels hommes, de servir une pareille patrie. »
Je voudrais, avant de résumer ce livre, combattre, sans parvenir

sans doute à les effacer entièrement, des impressions qui viennent
d'en haut et d'en bas, plutôt d'en haut, et qui entameraient, si on
ne les contredisait en les expliquant, la pureté monarchique du
duc d'Orléans. Je les ai recueillies de bouches très sincères et, me
plaçant, pour rendre un jugement équitable, au point de vue de
ceux qui voulaient bien me les communiquer, je les ai très sérieu-
sement et très attentivement examinées. Il y a des hommes qui,
inébranlablement attachés aux traditions du passé, en ayant con-
servé, au milieu du déluge démocratique, sinon toutes les idées,
au moins tous les sentiments, ne veulent reconnaître un prince
qu'à sa foi absolue et à son éloignement absolu non seulement de
toutes les erreurs, mais de tous les actes de la Révolution. C'est
peut-être un idéal, et on assure que c'était celui du comte de Cham-
bord. Mais le lendemain du jour où Napoléon est tombé, le pro-
blème s'est posé : un prince d'autrefois pouvait-il gouverner cette
société nouvelle que le Premier consul avait apaisée, tirée de son
berceau sanglant, remplie d'autorité, cimentée de lois civiles et
couverte de gloire? Ce qui est historiquement certain, c'est qu'il
ne l'a pas pu. On a imaginé alors une transaction, dont les évènements sont devenus complices, et dans laquelle il restait quelque
chose du prince d'autrefois, mais où il y avait beaucoup du
prince modifié, rajeuni, fait à la démocratie, s'approchant d'elle
au lieu de la fuir, non seulement résigné à l'état de la société
nouvelle, mais prêt à se confondre avec elle et à la conduire vers
l'avenir, en tâchant de corriger ses défauts et de lui donner un
sentiment religieux et moral qu'elle n'avait pas. C'est à ce rôle que
s'est arrêté l'esprit du duc d'Orléans. Il ne pouvait vouloir ni
accepter le régime impérial si puissant et si conforme à la plupart
des intérêts que la Révolution avait créés, mais exclusif de la
liberté politique. Il se sentait entraîné vers le régime parlemen-
taire, et c'est au sein de la compression qui en résultait pour le
pouvoir royal qu'il avait à faire son métier de prince.

Je conviens sans peine que, pour ceux qui persistaient à voir
dans la royauté un droit supérieur, venu humainement du peuple,
mais consacré à tout jamais par Dieu, il y avait là comme une
dérogation et comme une faiblesse. Ils auraient mieux aimé le voir
sous les traits d'un Condé ou d'un dauphin sans mélange. Ils lui
ont trouvé quelque empressement révolutionnaire; ils ont blâmé
sa joie à la vue du drapeau tricolore, ils ont découvert dans son
testament jusqu'à des traces de passion girondine. Mais qu'ils me
permettent de penser qu'ils ne tiennent pas compte de la réalité, et
que le prince de leurs rêves n'était possible qu'avec une contre-
révolution, elle-même impossible. Le duc d'Orléans a écrit qu'il

n'y avait plus de place en France pour les princes fainéants, et il a ajouté que le titre de prince n'était plus qu'une provocation à faire en toutes choses plus et mieux que les autres. Cette définition n'est ni sans grandeur ni sans vérité. Il a pris les choses au point où elles étaient quand son père est devenu roi, et, sans regarder en arrière, il s'est proposé d'être un prince moderne, le premier après son père, dans cette démocratie royale dont Royer-Collard avait parlé avant qu'elle fût née. Il eût été plus touchant s'il se fût mis, ne fût-ce que moralement et d'une façon sentimentale, avec les vaincus. Il eût honoré une cause perdue, mais il n'eût pas servi la France. Il s'est plu à la servir et, sans pouvoir donner au métier de prince l'éclat, la liberté, l'importance qu'il avait sous une monarchie pleine et entière, il a cherché à le faire de son mieux. Il a été le prince royal d'une monarchie amoindrie, faite des débris de celle qui venait de s'éteindre et entourée, comme on l'a dit, d'institutions républicaines. Les obstacles qu'il devait rencontrer dans l'ordre des sentiments, et qui environnent encore sa mémoire de réserves et de réticences, n'étaient pas les plus difficiles à franchir. Ce qui était moins aisé, c'était de se tenir encore en prince sous ce flot démocratique qui venait de s'échapper de la révolution de 1830. Il y est parvenu. Ses lettres l'attestent, ce nouveau volume le confirme. Ouvrons-le :

I

Le prince raconte dans un journal à peu près quotidien la première expédition à laquelle il prit part, l'expédition de Mascara, à la fin de novembre 1835. Il décrit, en passant, le pays en géographe et en soldat. On voit, comme si on y était, la marche des troupes, leur attitude, les fatigues qu'elles endurent, leur énergie, leur « spirituelle gaieté », les portraits de ceux qui commandent et de ceux qui obéissent, les bivouacs, les combats, les victoires. Tout y est. Ce sont des annales, presque des commentaires, écrits avec promptitude, à propos et bonne grâce. Combien tout cela est supérieur à ces lourds et laborieux volumes qu'on décore du nom d'histoire et qui consistent en un amas de rapports copiés et étendus, dans lesquels on ne sent ni battre le cœur du soldat, ni briller un style simple, personnel et puissant comme l'action elle-même ! Qu'on compare et qu'on juge. Voici, par exemple, au début de l'expédition et pour en déterminer la portée, une esquisse d'Abd-el-Kader. On peut ouvrir les gros volumes, on n'y trouvera rien qui vaille cette page écrite au bivouac, improvisée comme un croquis. J'ai vu un jour Abd-el-Kader à l'Imprimerie impériale, on l'y recevait comme un vaincu glorieux. Il avait perdu toute poésie. Il paraissait enchanté des politesses que, au nom de l'empereur, lui faisait M. de Saint-Georges. Mais le voici vivant et redoutable sous la plume du duc d'Orléans. « Pour comprendre quel intérêt nous avons à abattre non seulement l'autorité morale d'Abd-el-Kader, mais aussi l'influence morale que cet homme remarquable exerce sur les Arabes, il faut regarder les évènements d'un peu plus haut. Abd-el-Kader est un Arabe sans mélange. Allié à la race du prophète, il est le chef d'une famille de marabouts des plus illustres, en sorte qu'il est à la fois prêtre, noble et soldat. Son père, Maheddin, leva, au moment de la prise d'Alger par les Français, l'étendard de l'indépendance et chassa le caïd turc de Mascara. Il fut aidé par l'empereur du Maroc, le seul prince arabe qui n'ait jamais été détrôné ni par les Turcs ni par les chrétiens. Lorsque les Français prirent Oran et chassèrent le bey, Maheddin déclara la guerre à la fois aux Français et aux Turcs, qui, sous la conduite de leur aga, Mustapha-ben-Ismaël, vieillard respectable et homme de talent, s'étaient réfugiés dans Tlemcen. Abd-el-Kader prit le commandement de la troupe de son père et bloqua Oran et Tlemcen. La première de ces villes fut cernée de si près que les balles des Arabes tombaient dans les rues et que plusieurs personnes y furent tuées. Toutes les tribus récalcitrantes furent successivement soumises; la ville de Tlemcen fut prise d'assaut et Mustapha renfermé dans la citadelle. Alors Maheddin exploita au profit de son fils la vieille prophétie qui dit qu'un marabout, né sur les bords du Chélif, doit chasser les chrétiens du sol africain qu'ils auront envahi et réunir tous les membres épars du corps arabe. Il fit reconnaître bey d'Oran, par tous les chefs assemblés, son fils Abd-el-Kader, qui venait de se distinguer dans plusieurs combats, et lui se retira, *procul armis*, dans une retraite où il mourut bientôt. » Ces notes sont écrites au camp du Sig, le 30 novembre. Après avoir rappelé que, battu deux fois par le général Desmichels, mis en déroute par Mustapha, il obtint du général un traité (26 février 1834), qui le reconnut comme souverain de la province d'Oran, le prince ajoute : « Il devint puissant, il soumit toutes les tribus jusqu'à l'empire du Maroc et même dans le grand désert. Il nomma des beys et des caïds jusqu'aux portes d'Alger, à Colea et à Blida. Il avait vu Mehemet-Ali en allant à la Mecque; il forma des troupes régulières. Fanatique à l'excès, il releva le zèle religieux des musulmans de toute l'Afrique. Les marabouts entrèrent en communication avec lui; enfin, quand il se sentit assez puissant, il voulut mettre la garnison d'Oran à sa dis-

*

crétion en éloignant toutes les tribus de six lieues de cette ville, de manière qu'il ne vînt rien au marché que par sa permission. Il fit même arrêter le caïd Ismaël qui avait vendu un cheval aux Français.

C'est alors que le général Trézel sortit d'Oran pour protéger les Douarcis et les Smélas, qui nous restaient fidèles. Il emporta avec peine le passage de Miley-Ismaël, mais ne sachant où transporter ses blessés qui étaient assez nombreux, il dut quitter le Sig pour aller à Arzeu. 10 000 cavaliers poursuivirent les 10 500 Français dans une plaine toute découverte. Arrivée au défilé de la Macta, la colonne s'allongea dans les broussailles et un intervalle non gardé se présenta aux Arabes; mais l'artillerie sauva l'armée par son dévouement, son intelligence et son courage. De là une exaltation immense de la part des indigènes, de là un tel accroissement de puissance pour Abd-el-Kader, qu'il faut l'abattre sur-le-champ. » Je doute qu'à tête reposée les savants historiens aient écrit une préface aussi pleine et aussi sobre en même temps, de l'expédition de Mascara. Le prince part le 30 novembre du camp de Figuier avec le maréchal Clausel. Le tableau du pays, des dispositions militaires, de la marche des troupes, est comme une épreuve de photographie sans retouche. Qu'eût-il écrit, s'il avait conduit nos soldats de deux ans sous ce ciel de feu et dans ces marécages? Eût-il pu dire : « La marche que nous avons faite eût été belle devant toute espèce de troupes et l'ordre était tel qu'un seul homme est resté en arrière, malgré la chaleur horrible et le manque d'eau? » D'un mot il exprime les souffrances supportées : « Pour ma part, j'aurais donné 1000 francs d'un verre de bonne eau. »

Dès le début, il donne au maréchal Clausel un éloge que devraient mériter tous les chefs d'armée : « Le maréchal tient beaucoup à ménager les hommes; il attache tout son amour-propre à ce qu'il n'y ait de versé que le moins de sang français possible. » Il complétera cet éloge durant cette courte expédition et fournira à la mémoire du maréchal de simples et brefs témoignages bien faits pour la grandir. Le 29 novembre, le lendemain du départ, et quand on se rapproche d'Abd-el-Kader qu'on cherche, il écrit : « Le maréchal, aujourd'hui, faisait plaisir à voir commander. Calme, activité, présence d'esprit, il a toutes les qualités du général en chef. Il sait très bien aussi remettre à leur place, non seulement les paresseux, mais encore les alarmistes et les confusionnistes. » Après avoir raconté les combats du 3 décembre avec sa brièveté ordinaire et le relief qui vient des choses et non des paroles, il écrit : « Je crois que les combats d'aujourd'hui sont les plus beaux que l'armée française ait livrés en Afrique, et le maréchal les a merveilleusement conduits. Il n'y a qu'une voix, à cet égard, dans toute l'armée. Il a fait des mouvements remarquables, et les a faits à propos; il a remué toutes les troupes avec une aisance parfaite, et a ménagé le sang des soldats. Il va au feu comme un sous-lieutenant, et est vraiment beau sur le champ de bataille. »

Au second jour de marche, on a trouvé l'ennemi. Abd-el-Kader n'est pas loin et la bataille s'engage, en voici le tableau auquel je crois qu'on ne pourrait rien ajouter sans le gâter, je dis le tableau, ce n'en est qu'une partie : « Pendant que nous ripostions au feu de cette infanterie, toute la cavalerie qui se trouvait là, environ mille chevaux, se forma en un groupe considérable pour tourner la droite de notre avant-garde. Ils arrivèrent en poussant des cris affreux et en faisant une fusillade assez vive sur les auxiliaires; ceux-ci reculèrent malgré les efforts de M. de Bourgon et du commandant Abdallah, qui, seuls, le sabre à la main, restèrent exposés au feu des Arabes, à trente pas. J'étais à ce moment à cent pas, sur la gauche, auprès de la réserve des zouaves et des chasseurs à cheval; ceux-ci au nombre de deux cent soixante firent un changement de front à droite et partirent au galop sur les Arabes, rien de plus curieux que cette charge; la rapidité avec laquelle nos cavaliers sont arrivés sur la masse des ennemis, le tourbillonnement de tous ces sauvages, les cris aigus poussés par mille voix glapissantes et cette foule d'hommes et de chevaux enveloppés d'un nuage de fumée et de poussière qui n'était éclairé que par la lueur des coups de fusil, tout cet ensemble formait véritablement un coup d'œil qu'il serait difficile de trouver ailleurs qu'en Afrique. On ne saurait trop louer la bravoure des chasseurs à cheval, ils ont bousculé une cavalerie quatre fois plus nombreuse qu'eux, les hommes qui sont tous venus ici volontairement sont des malins de régiment qui entendent bien leur affaire; les officiers ne peuvent pas rester dans le corps à moins d'être très braves...

« Après la charge, les Arabes loin de lâcher pied, se rapprochèrent encore plus de nos tirailleurs. Environ deux mille cavaliers s'étaient réunis à notre droite et ne furent écartés que par le feu nourri d'un bataillon d'infanterie. Au même moment l'infanterie turque qui était à notre gauche et qui s'était bien battue, fut vivement poussée. C'était Abd-el-Kader qui arrivant, en toute hâte, de Ghoroux avec environ deux mille cinq cents chevaux, au moins; toute la colline depuis Bordjallabi jusqu'au Sig était couverte d'une nuée de cavaliers qui accouraient au galop. Abd-el-Kader vint en personne s'établir au marabout qui est sur la rive du Sig et fit passer la rivière à un bon nombre de ses cavaliers qui commençaient à nous prendre à revers, tous faisaient feu, les premiers en mettant en joue, ceux qui étaient les derniers en tenant le canon levé et la crosse appuyée sur la cuisse. Chaque spahi avait ses sarajads ou écuyers, puis venaient les hazéris ou valets, qui ne tiraient que de derrière. Le feu de cette cavalerie était assez vif. Le maréchal prit lui-même deux pièces de canon et quatre compagnies du 20e léger et se porta au galop vers le marabout où s'aggloméraient tous les Arabes pour passer dans la rampe par laquelle on descend vers le Sig. Nous étions à bonne portée de fusil, en sorte que l'artillerie eut un effet décisif. On ne peut se figurer avec quelle ténacité les Arabes revenaient au même endroit où leurs camarades venaient d'être canonnés; mais nos tirailleurs achevèrent de les débusquer du Sig dans lequel se cachait leur infanterie qui nous avait blessé quelques hommes. Alors le bey Ibrahim, qui n'était pas pressé de monter à cheval, lança vivement sa cavalerie sur Abd-el-Kader dont les troupes commençaient à se retirer. Notre infanterie passa le Sig, l'artillerie continua de tirer et bientôt nous fûmes complètement dégagés et l'ennemi fut en pleine déroute. »

Au combattant et au peintre succède le juge, et voici le jugement d'où se détache la mâle et noble figure de Lamoricière, qui conduit les zouaves, ces merveilleux soldats : « Les soldats ont été gais, hardis et mordant franchement sur l'ennemi, — les blessés s'irritaient seulement de ne pas pouvoir faire le reste de la campagne. — Mais ceux qui vont à ravir ce sont les zouaves; ils ont fait plus de mal à l'ennemi que tous les autres tirailleurs ensemble, et n'ont pas brûlé la moitié autant de poudre. Ils savent se disposer à merveille, ne se pressent jamais pour tirer, profitent des moindres accidents de terrain et ont une intelligence parfaite de cette guerre qu'ils font depuis cinq ans. Leur chef, M. de Lamoricière, est un homme très remarquable. Il a en lui tout ce qu'il faut pour se rendre utile partout et dans toutes les positions. » On aperçoit aussi dans ce combat et dans ceux des jours qui suivent la silhouette de cet admirable colonel Combes, qui devait en tombant parler comme un héros devant la brèche de Constantine. Dans la bataille du 3 décembre, décrite avec une admirable précision, au trait de la plume, c'est le prince qui donne à son ennemi « comme un certificat de beauté militaire : » Abd-el-Kader se promenait bravement au pas, sous le feu de la batterie et il ne hâta pas l'allure de son cheval, lorsque son porte-étendard et son secrétaire tombèrent auprès de lui. » Le 5 décembre, on passe l'Atlas, et voici le spectacle : « Avant notre dîner, nous montâmes sur un marabout qui était encore plus élevé que notre camp et de là nous eûmes une vue magnifique; le temps était clair et très frais, nous apercevions le fort Sainte-Croix d'Oran et la montagne des Lions, la baie d'Arzeu, tous les contreforts de l'Atlas et l'immense plaine que nous avions parcourue les jours précédents ; c'était un coup d'œil comme nous n'en retrouverons probablement pas dans la vie ; nous sommes restés à nous en régaler jusqu'à ce que notre bien chétif repas fût prêt. » Ce sentiment de la nature, cette impression après la bataille, les termes qui l'expriment, tout cela n'est pas d'une âme commune. Dans le *troupier* qui se délasse il y a un artiste, l'ami d'Ary Scheffer, le protecteur de Decamps, le prince qui emmènera avec lui le peintre Dauzats aux Portes-de-Fer.

Le 6 décembre, on est à Mascara. L'expédition a été courte, rapide et brillante. On pourrait s'en tenir là pour apprécier dans ce journal l'écrivain et le capitaine. Mais ce serait omettre une peinture émouvante, dramatique, qui serre le cœur, si nous ne pénétrions pas avec le prince dans la ville incendiée où Abd-el-Kader a commandé le massacre : « Ce que j'ai vu alors est le spectacle le plus hideux auquel j'aie assisté, je ne me serais jamais fait une idée de l'horreur d'une ville saccagée, brûlée et où une partie des habitants a été massacrée. La rue par laquelle on monte à la place était remplie de débris de toute espèce, de tronçons de bois encore fumants et tachés de sang, tout était pêle-mêle ; pas un objet n'était entier, les maisons fumaient encore et un millier de juifs, se jetant à genoux et baisant nos étriers en pleurant, étaient le seul reste d'une population qui, avant-hier, comptait près de dix mille âmes. » Hors de la ville où l'incendie recommence « les pauvres gens à qui nous sauvons la vie en leur permettant de venir avec nous, portaient chacun deux ou trois enfants. Les femmes riches étaient entassées par cinq ou six sur des chameaux que les Arabes leur avaient loués au poids de l'or ; d'autres étaient sur des ânes, pieds nus, grelottant, et tâchant de réchauffer leurs enfants ; des aveugles tenaient la queue d'un âne pour pouvoir suivre la colonne. Des mères avaient fait de leurs châles un sac où elles avaient placé jusqu'à trois petits enfants qu'elles portaient sur leur dos. J'ai vu des scènes et des expressions de figure que je n'oublierai jamais. » Et le 10 décembre, quand on s'éloigne, quelle page, qui ne voudrait l'avoir écrite, et qui n'éprouvera, en la lisant, un sentiment de respectueuse sympathie pour le prince, et d'admiration pour cette forme simple, émue, pénétrante : « Voici une terrible journée pour la fatigue, les privations, le froid, les difficultés de toute sorte et les spectacles affreux que nous avons eus sous les yeux. Je ne sais si je pourrai vous donner une idée des scènes d'horreur de ce passage de l'Atlas. Le matin, quand les troupes se formèrent autour d'El-Bordj, il faisait un vent glacial et un brouillard épais. Les brigades se réunirent en prenant

**

chacune leur place respective, mais les chameaux, les juifs de
Mascara et les troupes d'Ibrahim étaient dans une confusion complète. On parvint pourtant, après de longs efforts, à cerner cette
masse et à la pousser sur la route qui mène à Kin-Kebira, en gra-
vissant l'Atlas. Cette route n'était qu'un ravin fangeux, rempli
d'une boue glaiseuse où les chameaux s'abattaient à chaque instant
et où les soldats entraient jusqu'au genou. Plus nous marchions,
plus le vent devenait glacial ; la pluie, qui était tombée toute la
nuit sans interruption, se changeant en grêle, lancée si fort qu'elle
coupait la figure. Alors la scène devint hideuse. Les malheureux
juifs de Mascara, pieds nus, leurs vêtements déchirés, souillés de
boue et eux-mêmes chancelants sous le poids de leurs enfants qu'ils
portaient, voyaient les troupes les dépasser sans qu'ils pussent les
suivre. J'ai vu plusieurs de ces femmes encore belles et drapées
comme les Juives de la Bible, rouler toutes ensemble dans la boue
d'où elles ne voulaient plus se relever et où elles seraient mortes
si nos soldats ne les en avaient tirées. J'ai vu des enfants étendus
à côté d'elles, sans pouvoir se remuer, n'ayant plus même la force
de pleurer, tous bouffis et rougis par le froid ; un vieillard de
soixante-dix ans, tombé dans la vase, était tellement défiguré,
qu'on ne pouvait plus voir si c'était un être humain ou bien une
avalanche de boue. J'ai vu trois aveugles conduits par un borgne,
un œil pour quatre ; des chameaux chargés de familles entières,
s'abattant des quatre membres et restant comme écartelés dans la
glaise où eux et leur charge semblaient une masse informe. Un de
ces aveugles qui tenait un âne par la queue, chantait un psaume
pour soutenir son courage. J'ai vu des mères s'arrêter en sanglotant,
puis choisir celui de leurs enfants qui était le plus faible, l'embrasser
en pleurant, et l'abandonner déjà à moitié mort sur le bord de la
route pour sauver les autres.

« Mais j'ai vu aussi le courage et la patience de nos excellents
soldats : pas un murmure, pas une plainte... Ce qui a été plus
admirable encore que la patience des soldats, c'est leur bon cœur,
presque chaque chasseur à cheval avait recueilli un enfant qu'il
portait sous son manteau et à qui il donnait à manger ; les soldats
d'infanterie soutenaient les vieillards ; les malades cédaient la
place aux femmes. Il n'est personne qui, en cette circonstance, n'ait
fait plus que son devoir. » Non, je ne savais pas que le duc
d'Orléans tenait la plume comme l'épée, et je crois bien que la
France l'ignorait comme moi. On a trop attendu pour le lui
apprendre.

Les dernières lignes de ce premier journal m'ont paru très belles
dans leur justesse et leur familiarité : « Nous avons fait une campagne

que l'on n'appréciera peut-être pas en France ; comme nous n'avons
eu qu'une soixantaine de tués et cent cinquante à cent quatre-vingts
blessés et que c'est la mesure d'après laquelle on juge générale-
ment, on ne tiendra peut-être pas assez de compte des difficultés
et des privations de tout genre que nous avons eu à surmonter :
pas d'abri, pas d'eau, pas de pain, souvent pas de bois. Le chaud,
le froid, la pluie, les passages de montagnes ou de rivières, des
marches forcées, un ennemi nombreux et féroce, voilà ce que
l'armée a dû vaincre. Les soldats et les officiers ont été braves
dans le combat, intelligents dans toutes les circonstances, le moral
a été excellent. Le maréchal est beau et grand. C'est vraiment un
général en chef. — Je vais me coucher, car je n'en puis plus. »

II

Pour l'expédition des *Portes-de-Fer*, le cadre va s'élargir, la
pensée s'élèvera et le style fera comme elle. Nous y trouverons
dans le soldat les mêmes qualités de bonne humeur et d'entrain,
dans le prince et le général des sentiments d'humanité très vifs,
une vive et éloquente passion contre les agioteurs et les fripons,
une grande sagesse mêlée au désir naturel des combats et de la
gloire, des jugements équitables sur tout le monde, des vues
d'artiste et des coups d'œil d'antiquaire avec des paysages achevés
ou ébauchés, « une gaieté spirituelle » et, à certains moments, de
belles explosions de patriotisme et d'amour ardent de la France.
Pour justifier tout cela, il faudra citer beaucoup, j'espère qu'on ne
s'en plaindra pas. Et d'abord, n'est-elle pas aimable et touchante de
simplicité cette dédicace du journal à Mme la duchesse d'Orléans :
« Voilà un effrayant volume, et que tu auras ainsi que toute la
famille bien de la peine à lire, — j'en fais humblement mes excuses
et demande pardon du verbiage. Mais c'était la seule manière que
j'eusse de me rapprocher de toi et de tous les miens et je m'y suis
laissé aller, quelquefois même aux dépens du sommeil, — ce n'est
pas un récit, ce n'est pas une description ; — il se trompe, c'est
tout cela, — c'est tout au plus une conversation familière, faite à la
lueur du feu du bivouac, avec le coin de la cheminée du salon de
famille, ou le cabinet de la reine, ou surtout avec ton petit salon. »
A peine est-il embarqué à Port-Vendres, — 19 septembre 1839,
— qu'il donne un démenti à sa modestie. Le 21, il s'est arrêté à
Mahon, et voici un petit tableau qui dépasse la conversation familière, qui est très français avec une nuance d'Espagne : « En grim-
pant ces rues si raides qui mènent à la ville haute, et pendant que

nous étions à flâner de droite et de gauche, je suis une troupe de dames en mantille et à grand jeu d'éventail, qui entrent dans l'église du Carmel. — Un prêtre colossal y disait la messe au maître-autel, sa chasuble lui cachait à peine les reins, une large bande d'or remplaçait la croix des chasubles françaises. Le milieu de l'église était libre; sur les bas côtés, plusieurs centaines de femmes à genoux sur le carreau, immobiles comme des statues, étaient mêlées à des soldats dont les buffleteries pendaient par devant comme des colliers, et à quelques-uns de ces beaux mendiants espagnols qui ont l'air si fier sous leurs guenilles. Dans le fond de l'église une lucarne grillée, laissait entrevoir des prisonniers dont on ne distinguait, derrière les carreaux, que les mains jointes et les yeux luisants comme ceux des hiboux, tout cet auditoire comme frappé de catalepsie, ce prêtre qui ne se donnait même pas la peine de lire haut sa messe, tout cela était tellement silencieux qu'on n'entendait, dans l'église, que le frôlement continuel des éventails qui ne restaient jamais un instant en repos et dont même les petites filles de cinq ans étaient armées. Du reste, les femmes étaient assez laides, en général; mais je me suis senti en Espagne et cela m'intéressait. » C'est en sortant de la cathédrale qu'il passe devant la boutique de la mère de M. Orfila et il le constate. Il touche la terre d'Afrique : « C'est avec émotion que je remets le pied sur cette terre d'Afrique, conquise par notre jeune armée et destinée à voir s'accomplir, par la création d'une nouvelle France, un des évènements importants des siècles modernes. »

Il est à Oran, où « les cinq mille âmes d'il y a quatre ans ont plus que doublé », il ne résiste pas au plaisir d'écrire : « Je revois mes mendiants favoris et je jouis de tout le cachet oriental de la scène que j'ai sous les yeux. Ce mouvement perpétuel, le fourmillement de toutes ces races différentes qui se mêlent sans perdre leur caractère; ces chaouchs superbes distribuant d'une façon si élégante des coups de bâton à tort et à travers et frappant les tibias des gamins avec des cannes creuses qui sonnent comme du métal; les cris gutturaux qui s'échappent de toutes parts avec les gloussements des femmes et les *Viva el Rey!* des Espagnols; tout cela m'enchante et je retrouve avec délices cette terre si pittoresque et si attrayante. » En passant, un trait de moraliste : « Depuis l'arrivée de Mme Guchéneuc, — c'est la femme du général, — et le passage de l'évêque d'Alger, la moralité a fait quelques progrès, et il y a maintenant passablement de femmes mariées; les officiers peuvent y faire venir les leurs, mais les amateurs de scandales trouveraient encore de quoi alimenter leurs récits. Daignez m'épargner le reste. » Le voici sorti des paysages et des réflexions.

Il visite l'hôpital qui est bien tenu; mais en présence d'abus qui se cachent et qu'il découvre, il écrit : « Tout ce qui appartient à l'armée militante est honorable, mais l'armée administrative est empestée de fripons et de drôles qui salissent un uniforme qu'on aurait bien dû ne pas leur laisser porter... On vole sur tout, sur le pain, qui a été très mauvais jusque deux jours avant mon arrivée, et sur lequel on fait patemment des bénéfices honteux. » Puis il est au milieu de ses troupes, dans son élément; rien ne lui échappe, il juge bien, avec modération et équité, il distingue très vite le mérite et y applaudit. Il y a là un très beau régiment qu'a « métamorphosé » le colonel Randon. Il a devant lui les spahis et Yousouf qui les commande; les quelques lignes qu'il lui consacre auraient pu servir de préface au volume qu'on vient d'écrire en l'honneur de ce singulier et vaillant capitaine : « J'examine en détail le régiment, qui est un beau corps de cavalerie, instruit et faisant très bien la guerre. Yousouf le mène étonnamment bien; malgré ses défauts, cet aventurier, par son extrême intelligence et sa grande bravoure, nous sera bien utile; il faut s'en servir. » Il s'embarque pour Alger, et pendant que le général Marbot, qui l'accompagne, et son médecin Pasquier tombent en léthargie, il est « amariné » et crie comme un jeune Parisien qui n'a pas le mal de mer : « Vive la vapeur et son auguste famille! » C'est à Alger qu'enfin il trouve le maréchal Valée « qu'il baise sur-le-champ, *coram populo*, avant qu'il ait eu le temps d'ouvrir la bouche ». Il fera de lui, au cours de l'expédition, un portrait achevé, un peu dur, avec pas mal de taches, mais un grand fond de valeur militaire et administrative et une très belle force de volonté.

Il commence : « Il (le maréchal) m'a exposé tout son système, que je crois bon dans l'ensemble, sauf quelques détails sur lesquels je ne suis pas de son avis. Qu'il vous suffise de savoir que je l'ai trouvé gai, bien portant, assez en train toutes les fois qu'il n'est pas question de s'embarquer, tout à fait dans les bonnes idées sur le système à suivre en Afrique, et résolu, je crois, à être pour moi aussi bien que sa nature et ses habitudes lui permettent de l'être... Je le crois dans les idées les plus sages; mais il est quinteux, susceptible, se plaint de tout le monde, même de ce que le roi et la reine traitent l'évêque mieux que lui. » Je passe sur les fêtes militaires et autres, sur les visites aux hôpitaux, sur les observations relatives à l'état sanitaire du pays, à ses cultures. Je détache de tout cela un brevet particulier d'honneur donné au 2° léger, « ce régiment qui a plus qu'un numéro, qui a un nom », et ce prix décerné au soldat : « Au milieu de cette fourmilière qui sort des maisons, au travers de ce tohu-bohu des chameaux qui reviennent du marché, des omnibus, des fiacres et des caravanes d'ânes, on voit le véritable roi d'Alger, le *tourlourou* français, se promener gaiement, le képi sur l'oreille, le briquet battant entre les jambes, et regardant fièrement, du haut de sa petite taille, toutes les races diverses de l'Europe et de l'Afrique qui se pressent autour de lui. »

Il y a dans ces fêtes de tout petits nuages : « Ma matinée se passe avec le maréchal ; il n'est pas en belle humeur aujourd'hui, et je me dis à moi-même : *Keep of, my good man* « Sauve-toi, « mon bonhomme. » Nous allons ensemble à la messe. » Le soir, l'humeur a changé ; le maréchal a emmené au théâtre le prince, qui ne s'y est pas amusé, mais qui a fait bonne contenance. Quant à lui, « il est revenu enchanté du spectacle et fredonnant tout seul ». — « Mon métier ici, ajoute le patient, me rappelle les fonctions que j'ai exercées autrefois auprès de Dupont (de l'Eure) sur la terrasse du Palais-Royal. » Il quitte Alger le 30 septembre. Avec lui, on voit à peu près tout. Il arrive à Colea : « Le jardin du régiment est superbe et que de botanique tu y ferais, dit-il à la duchesse d'Orléans... La population est d'un millier de misérables vivant du produit de leurs champs, qu'ils prennent à peine le soin de cultiver ; mais si l'on mettait les agioteurs de maisons là-dedans, il n'y aurait plus que des voleurs et des ruines. On a de Colea une belle vue du Koub-el-Roumia, ou tombeau de la Chrétienne, étrange et informe monument qui, de tout temps, a excité la curiosité des voyageurs et exercé l'érudition des savants. Don Quichotte même en parle, et il est probable que c'est le tombeau de la fille d'un des derniers gouverneurs chrétiens de l'Afrique. » Il paraît qu'ici le savoir du duc d'Orléans est en défaut, malgré l'invocation de don Quichotte, et que le tombeau remonte à l'époque numide.

Je ne voudrais pas encombrer de trop de détails le résumé de ce journal. Ce souvenir personnel du prince n'est pas sans charme au milieu de ses fatigues et de ses travaux. « Nous redescendons dans la plaine en face de cette coupure de la Chiffa que l'on voit dans un petit tableau de Gudin que tu as copié, et nous longeons la belle partie de la Mitidja qui appartient aux Hadjoutes. Cette Mitidja où il y a place pour cent mille âmes et qui serait une Terre Promise. » On arrive à Blida. Je me rappelle une lettre charmante que Saint-Arnaud écrivait de là à son frère. C'était un éblouissement ; mêlant les souvenirs de Rome et de Carthage aux splendeurs de la nature, à l'éclat des orangers et des fleurs, Saint-Arnaud, tout soldat qu'il était, — et il l'était au suprême degré, — s'exaltait devant cette poésie. Le duc d'Orléans voit et admire aussi, mais il a de beaucoup précédé Saint-Arnaud, et il écrit : « C'est une pure ville musulmane de cinq mille âmes. Vue du dehors, elle paraît une capitale par la fraîcheur de ses eaux, par ses riches vergers et par son étendue ; mais l'intérieur ne répond pas à cette impression ; excepté les mosquées, pas une maison n'a dix pieds de haut ; ce sont des loges de bêtes féroces ou des cartons à chapeaux. »

Au cours de sa visite, il aperçoit un Turc, « comme Joinville les aime ». Il en fait un petit buste que Dantan aurait signé : « Le caïd Amar, l'un des grands de la ville, n'a pas cinq pieds ; il est grassouillet avec un ventre comme une citrouille ; les jambes trop courtes et assez grêles contrastent avec le volume démesuré de son cou qui déborde ses joues des deux côtés ; quand il parle, il à la langue épaisse ; ce bon hadji (Joinville) en raffolerait. » Il visite l'hôpital civil, qui est insuffisant et pour lequel le maréchal demande vainement des travaux indispensables « à M. Laurence (qui est ici l'Antéchrist) ». M. Laurence était, si je ne me trompe, directeur des affaires civiles, et je crois bien que c'est lui qui, envoyé à la Chambre par les électeurs des Landes, disait d'une voix un peu méridionale : « Je pars Laurence, je reviendrai Mirabeau. » Il n'a pas tenu sa promesse, mais il est devenu, ce qui est bien plus, l'Antéchrist de l'Afrique, si on en croit le duc d'Orléans. Le duc se venge un peu du maréchal « qui n'est pas facile à manier, qui est brusque et imprévu », en le montrant « dans une grande robe de chambre brune avec une casquette molle et rappelant beaucoup le successeur de Charles VII ». Ces petits incidents ne le détournent pas des choses sérieuses, il voit beaucoup, bien et juste. Il trace à grands traits les lignes de la colonisation et insiste pour que l'action bienfaisante de l'État éloigne de cette noble entreprise les agioteurs et les fripons, qu'il exècre, — c'est un trait à retenir. Les agioteurs de tout genre ont pris depuis longtemps dans la société une action qu'aucun gouvernement n'a cherché ni à supprimer ni même à ralentir, et c'est par là que s'infiltre dans les veines de la France un poison bien dangereux. Le 5 octobre, le prince, après avoir tout vu et ramassé, comme il le dit, *a good deal of information* écrit : « Le domaine lui-même a peu à donner : des agioteurs ont tout accaparé, et, si l'on ne prend pas de moyens pour les exproprier, dans un désert fécond, on manquera de terres pour les cultivateurs laborieux. Avant la fin de l'année, dix villages devraient être formés d'abord autour des camps ; chez les Beni-Mouca, plus de cinq cents familles pourraient être placées dans des localités salubres et fertiles. Mais l'action du gouvernement est indispensable pour produire ce mouvement et le diriger. Il faut surtout se méfier des compagnies qui n'ont ni capitaux, ni capacité, ni probité, et qu'on voit, comme à Chauzelbourg, jeter, pour faire monter leurs actions, deux cents Allemands dans une ferme malsaine et les y enfermer à clef pendant qu'ils mouraient de la fièvre, de peur que cette nouvelle ne fît tomber les actions ; il a fallu qu'on allât les délivrer de force et, sur deux cents, cent ont succombé. Avec la paix, des terres à distribuer et quelques premiers secours aux colons, la Mitidja se remplira promptement d'Européens, et le jour où il y en aura vingt-cinq mille, la question d'Afrique sera résolue. Cela pourra être fait en quatre ou cinq ans, peut-être même plus vite. Le tout est de donner l'impulsion dans ce pays où toutes choses étaient primitivement faciles, et où nous avons tout rendu difficile, car c'est nous qui avons créé tous les obstacles : la puissance d'Abd-el-Kader, l'irritation des Arabes que nous avons blessés sans les dompter, la confusion de la propriété, le manque de confiance, la lutte de tous les pouvoirs, l'instabilité de toutes les décisions, tout cela est notre œuvre. Et cependant le pays marche ; il marche presque malgré le pouvoir ; s'il avait la bride sur le cou, combien marcherait-il encore plus vite. Du moins je fais tout ce que je peux pour hâter le placement des colons dans la plaine et j'y travaille des pieds et des mains ; tout est là. » L'*humour* ne l'abandonne pas. — « Mercredi, 9 octobre, jour de la Saint-Denis, je pense à Etienne Pasquier. » Il visite Stora et Philippeville : « La route jusqu'à Stora suit l'ancienne voie romaine et tout le pays ressemble à un second Herculanum. » Il laisse à Philippeville des traces de son passage, il obtient du maréchal qu'on évacue le tiers des malades sur Alger, et qu'on assure aux autres des médicaments, des médecins, des logements usurpés par les bureaucrates, qu'on diminue les corvées et qu'on mette un terme aux marchés sur le vin et le bois, qui sont monstrueux. Avant d'entrer à Constantine, lui qui se vante de sa belle santé, qui « se porte comme le Pont-Neuf », qui, « grâce à cet excellent M. Ratier », n'est pas mouillé quand il pleut, il s'avoue vaincu par la chaleur et par la vermine. Il s'était moqué des puces et, le 11 octobre, elles l'ont dévoré. Il n'y a pas sur tout son corps la place d'une pièce de dix sous qui ne soit mordue, la figure y comprise.

Le 12, il entre à Constantine, je passe le tableau, il est très bon à regarder, exact et brillant. Il court à la brèche « témoin de tant d'héroïsmes et de la mort de tant de vaillants soldat ; » il court « au Coudiat-Aty, où Nemours s'est couvert de gloire à la tête de la légion étrangère ». Il admire en passant les chutes du Rummel, qu'il décrit avec le reste, et tout cela lui fait dire : « Quel éloquent panégyrique de tous ceux qui ont pris Constantine que la vue de cette ville ! » Tout s'amollit sous ce ciel lumineux, en présence de ces traces à moitié effacées de l'héroïsme de nos troupes, tout jusqu'au maréchal. C'est le duc qui parle, et nous allons assister à un entretien qui fait honneur au prince et montre qu'il y a en lui encore plus du soldat que du fils de roi. « Cette journée a mis le maréchal en belle humeur; il s'attendrit même avec moi et revient sur les explications désagréables que nous avons eues lorsque j'ai cru de mon devoir de refuser l'expédition d'Hamza, qui m'eût tellement tenté. » Le prince ne voulait pas rouvrir la guerre avec Abd-el-Kader — l'intérêt de la France exigeait ce sacrifice, il le lui faisait. Le maréchal veut qu'il s'associe aux travaux de l'armée et s'identifie avec elle, sans pour cela rouvrir la guerre avec l'émir. — Voici le dialogue, on peut le faire lire à tous les plébéiens; ils l'admireront, s'ils sont de bonne foi. Le prince : je lui dis (au maréchal), à cet égard, tout ce que je pense; je lui répète que je me regarde comme honoré de faire tout ce que fait le soldat; que, lorsque c'est la guerre, je veux faire la guerre avec lui; que, lorsque ce sont des routes, je veux faire des routes avec lui. Partager son sort et servir la France par tous les moyens, voilà mon ambition et je ne sacrifierai jamais les intérêts de mon pays à ma position personnelle; je ne me regarde que comme un instrument destiné à servir mon pays et je ne m'élèverai jamais un piédestal aux dépens du dernier des intérêts publics... » Après nous être embrassés et de bon cœur, il reste convenu qu'il (le maréchal) fera les opérations qu'il eût faites sans moi et qui consistent à relier la ligne maritime avec la ligne intérieure... Je me mets de bon cœur sous les ordres du maréchal, toutes les places me seront bonnes pourvu que je serve et que je sois utile; or la première pour moi sera celle où il y aura le plus à faire et le plus de peine à se donner : cela étant dit, je vais maintenant me mettre à table : *Nunc est bibendum*, etc. » Il prend une division et dans cette division, le 2ᵉ léger dont il a déjà parlé et dont il dit : « Le 2ᵉ léger porte un peu trop le képi sur l'oreille. En arrivant ici, ils ont laissé leurs couvertures, gouaillant toutes les autres en leur disant : Le 2ᵉ léger ne craint rien, pas plus les éléments que les Arabes; nous sommes l'escorte du prince, nous passons partout et n'avons besoin de rien. Le colonel, — c'est Changarnier, — qui est un peu un chapitre de *Victoires et Conquêtes*, donne dans ce genre, — j'ai été obligé de lui renvoyer d'autorité les couvertures à Mila. »

A propos de Changarnier et du trait que lui lance le prince, il me plaît de m'arrêter devant cette figure de grand soldat que la politique a altérée, qui pouvait avoir en effet un caractère assez mauvais, mais qui l'avait très noble. On a récemment essayé de l'amoindrir et de tourner ses légers travers en méchants sentiments. Je n'ai pas à le défendre comme soldat ni comme capitaine, qui donc oserait l'attaquer? Mais je n'oublierai jamais avec quelle belle intrépidité, un jour d'émeute, comme il marchait sur elle et qu'on lui annonçait qu'il allait recevoir des coups de fusil, il répondit comme eût pu faire le prince le plus spirituel et le plus brave : « Des coups de fusil, allons donc, je recevrai des coups de chapeau », et en effet il ne reçut pas autre chose. Mais ce qui pour moi l'élève au-dessus de toutes les critiques, le place très haut dans le monde moral et jusque dans le ciel de la patrie, c'est son rôle à l'heure de nos revers. Il n'avait aucune raison d'aimer l'empereur. Il avait plus noblement que personne supporté son exil, il avait toujours vécu dans une sorte de pauvreté et il s'y plaisait, ce qui n'est pas, dans notre temps, un goût très commun. Il est allé à Metz se placer à côté du souverain qui représentait déjà la France vaincue; il y a fait admirablement son métier de soldat et de capitaine, et s'il n'a pas eu l'occasion de s'y couvrir de gloire, il s'y est couvert de grandeur morale. Ce n'est pas là, Monseigneur, un chapitre de *Victoires et conquêtes*, c'est un acte que vous auriez applaudi et certainement imité si votre nom et votre titre vous l'eussent permis.

C'est vraiment bien dommage que le peintre Dauzats, qui suit le prince, n'ait pas au moins copié le tableau décrit par le Journal, des gorges qui mènent d'Al-Kantara au Rummel, l'escalier romain, la fontaine chaude, les vautours et le reste. Dans ce travail, le duc le remplace, la plume à la main, et il dit de lui : *Lavora poco e mangia assai*. Mais pendant qu'il « antiquaille » et visite à Lambessa le beau temple d'Esculape, les quinze portes de la ville, les cinq temples, les arcs de triomphe, les bains, le maréchal revient à son idée favorite, d'aller par terre de Constantine à Alger à travers cent lieues de terre : *it is no joke*, ce n'est pas une plaisanterie. Le prince se laisse convaincre que cela ne menacera pas la paix avec Abd-el-Kader. « Aller par terre de Constantine à Alger, en passant ces Portes-de-Fer dont les Romains, les Turcs et les voyageurs ne parlaient qu'avec effroi, c'est une grande chose, dit le maréchal; c'est un grand pas fait pour l'avenir de la colonie, c'est une opération difficile et qui sera appréciée un jour, si, dans le premier moment, elle n'est pas jugée à toute sa valeur. Cela finira vos caravanes en Afrique, après cela tout sera petit, tout sera mesquin. » *Alea jacta est*. L'expédition commence, mystérieuse d'abord pour la troupe qui ne tarde pas à la deviner; le prince alors s'y met avec ardeur, calcule les chances et les obstacles, compte ses troupes, les dispose et veille à tout. Il rend, en passant hommage, ce qui n'est pas fait pour déplaire au fils, « au sous-intendant, M. Hauss-

mann (père du sous-préfet de Nérac), qui déploie la plus grande
activité, secondé par les Arabes, qui ne laissent manquer de rien. »
A Sétif, il est plein de confiance. « Nous avons des troupes excel-
lentes, obéissantes, braves, dévouées, endurcies à la fatigue et aux
privations, quelques bons chefs, entre autres le colonel Gueswiller,
qui est un officier de premier ordre, cent mille cartouches, des
jambes et des baïonnettes ; nous passerons, *Well pull trough !* Il
forme ses troupes, les dispose et se met en marche. Il fait vingt
lieues en deux jours et néanmoins on le suit pas à pas. Son
Journal est plus qu'un Journal, c'est un miroir dans lequel on voit
tout ce qu'il voit et tout ce qu'il fait. Son avant-garde est com-
mandée par le lieutenant-colonel Drolenvaus. J'ai connu, sous
l'Empire, cet aimable et vaillant officier, devenu général et démis-
sionnaire en 1848. Il était, je crois, lieutenant dans la garde royale
en 1830 ; il quitta l'armée, il y rentra ensuite et s'attacha étroitement
à la famille d'Orléans. Quand je l'ai connu, il voyait constamment
les jeunes princes, contribuait à leur instruction militaire et parlait d'eux, dès qu'il le pouvait, avec une affection passionnée. Je
l'avais rencontré dans une maison très amie de l'Empire et de
l'empereur. Nous nous y vîmes souvent et, sans que la politique
nous gênât, nous conçûmes l'un pour l'autre une vive sympathie
dont j'ai gardé des traces. Il était spirituel, bienveillant, d'une
urbanité charmante, causant volontiers et parlant surtout de ceux
qu'il aimait sans jamais rien dire de blessant pour les autres.

Il y avait en lui extérieurement un peu de l'Espagnol ; au fond
c'était une âme très française et un esprit plus délicat et plus fier
que celui du simple Gaulois. Un jour, je crois que c'est au moment
où les jeunes princes partaient pour la guerre d'Amérique, en me
parlant de ses inquiétudes, il voulut me faire leur portrait : L'aîné,
me disait-il, est un esprit grave, un peu froid, nourri de fortes
études, très doucement résolu. L'autre, c'est une bouteille de vin
de Champagne. Voici maintenant la description des Portes-de-Fer
telle qu'eût pu la faire le plus notable des antiquaires : « Quand
on a marché dix bonnes minutes dans une sorte de corridor de
rochers dont le surplomb s'exhausse à mesure qu'on descend au
niveau du torrent, on tourne à droite, à angle droit, dans le lit de
la rivière, de manière que de toutes parts on soit vu par les défen-
seurs du défilé sans pouvoir leur répondre. Là se trouve la première porte. C'est une ouverture de 8 pieds de large entre deux
de ces couches de rochers parallèles qui, rouges dans le haut, sont
gris de fer dans le bas. La terre végétale ayant été enlevée par les
pluies, il y a des ruelles latérales jusqu'à la seconde porte, qui
est juste large pour qu'un mulet chargé puisse y passer. La troi-

sième est à quinze pas plus loin, en tournant à droite, de manière que nulle part on ne soit défilé des crêtes, d'où une pierre seule tuerait infailliblement. La quatrième porte, qui est plus large que les autres, est à cinquante pas plus loin ; puis le défilé, toujours étroit, s'élargit un peu et ne se prolonge guère que de trois cents pas. C'est une combinaison de rochers, de montagnes et de phénomènes géologiques impossibles à dessiner comme à décrire. »

Si impossible qu'elle fût, la description est faite. Le prince fait graver par les sapeurs, entre la première et la seconde porte : *Armée française*, 1839, et ne veut pas que son nom s'y trouve, « puisqu'il n'a rien fait de plus que le dernier des soldats qui y a passé ». Le 30 au soir, à l'entrée du pays des Béni-Djaad, au bivouac, il exprime ainsi sa joie et le juste orgueil de conduire une telle armée : « En écrivant ces dernières lignes à la lueur du feu aromatique et pétillant des lentisques, je remarque que le silence commence à succéder au tumulte de la journée. Les belles formes des montagnes se dessinent sur un ciel pur et étoilé. Cela élève l'âme. Que de fois peut-être dans ma vie je regretterai, au milieu de l'agitation fébrile de ma difficile carrière, le calme de ces belles solitudes de l'Atlas où, aux prises avec les éléments et la barbarie, j'ai vécu content, entouré d'une poignée de Français dont le dévouement, ignoré et obscur, mais infatigable et constant, mérite d'autant plus l'estime qu'il n'aboutira pour le soldat qu'à lui procurer des rhumatismes et pour l'officier à lui faire avoir la croix ! Vue de loin, la grande figure de la France paraît être ce que nous la rêvons tous, car nous ne pouvons distinguer d'ici les taches qui la déparent et la vermine qui la ronge. » Sur ces lignes, je laisse à juger l'écrivain. Le 31, on se bat. Aux premières balles qui sifflèrent, « la colonne ressemblait à un lion secouant sa crinière ».

Le lendemain, on se bat encore, et, sans rien dire de lui, le prince s'écrie : « Les hommes ont encore montré aujourd'hui bien de l'ardeur, et tout ce qui n'était blessé que légèrement, — même des blessés à la jambe, — a voulu rester dans le rang. Quelle excellente armée ! Et maintenant que j'ai fait tout ce qu'il a dépendu de moi pour éviter une affaire, je suis heureux d'avoir pu encore commander au feu d'aussi braves, d'aussi bons, d'aussi aimables soldats. » Le 2 novembre, on entre dans Alger surpris et qui vient d'apprendre seulement dans la matinée l'expédition accomplie en neuf jours. Nous avons le récit et les détails de cette entrée, l'émotion du prince, l'éclat des troupes,

De quel éclat brillaient
Les habits bleus par la victoire usés !

l'enthousiasme de la population. Un historiographe y aurait mis plus de mots, mais non plus de choses. La description est simple et complète. Au banquet qu'on lui offre et où sont réunis trois mille deux cent quarante-deux convives, il se passe une scène très touchante et très bien racontée. Les monts traversés par l'armée étaient les monts Bibans. Le plus ancien lieutenant des grenadiers du 23ᵉ remet au prince une palme des Bibans, au nom de la division : « Il me la remit les larmes aux yeux, dit le Journal. J'avouerai que je fus touché du bon goût, de la simplicité de ce présent, et de ce qui me fut témoigné par ceux qui me l'apportaient ; mais je pensai qu'avant tout, il me convenait, à moi jeune homme, d'être modeste auprès du vieux maréchal, je me retournai vers lui, et je lui dis qu'ayant été mon chef dans la circonstance mémorable dont cette palme était destinée à me retracer le souvenir, le bonheur que j'éprouvais à la recevoir de ces braves serait incomplet s'il ne joignait son suffrage au leur, et que je lui demandais la permission de l'accepter. Le maréchal, qui pleurait réellement, ce qui vous paraîtra incroyable à tous, à Paris, balbutia quelques mots entre-coupés et me fit un signe d'assentiment. Je pris alors la palme, au milieu des acclamations vraiment touchantes de tous les soldats... Je garderai toute ma vie cette palme ; la manière dont elle m'a été offerte, le moment et le lieu où je l'ai reçue et ceux de qui je la tiens, me la rendront toujours bien chère. » Le prince ajoute : « Cette campagne m'a créé, je ne sais en vérité pourquoi, des liens étroits avec l'armée, et m'a fait pousser dans les troupes des racines bien plus profondes que je ne pouvais l'espérer. Tout cela vous paraîtra, à Paris, ridicule et exagéré ; mais tout cela est vrai, et ces scènes, qui semblent du Chauvin ou du Franconi quand on les lit tranquillement au coin du feu, ont un autre caractère ici. Maintenant que tout est fini, je dois dire que j'ai plus d'une fois regretté de n'avoir pas Aumale avec moi, et je suis sûr qu'en lisant mon Journal il y aura pensé ; mais son tour viendra, et il entrera dans la carrière quand ses aînés... y seront encore. » Hélas ! son aîné n'y était plus quand le duc d'Aumale prenait la Smala, et bientôt on put voir, sur le cercueil du duc d'Orléans, la palme des Bibans, qu'il avait voulu qu'on y plaçât !

Le Journal est fermé sur ces mots : « Je dirai, comme il y a quatre ans à Mostaganem : *E finita la funzione, e venitevi ad abbrac-ciare.* » Il le rouvre pour rendre témoignage à un brave officier. *Post-scriptum :* « M. de Marguenat, lieutenant au 17ᵉ léger, a été blessé d'une balle à la jambe, en emportant le mamelon auprès de Béni-Hini ; non seulement il n'est pas sorti du rang et a fait deux étapes à pied, mais ce n'est que le soir que son colonel a appris qu'il était blessé, tant il craignait de ne pas se trouver à quelque nouvelle affaire ou expédition. Et il y a beaucoup de braves comme celui-là. » Le reste du volume comprend des lettres qui sont toutes relatives à l'Afrique. Au cours de l'expédition, il en a adressé quelques-unes au roi qui sont des rapports de prince attentif, perspicace, humain et modeste. Après avoir rendu un éclatant hommage au maréchal Valée, précisé les services qu'il a rendus, le mérite qu'il a eu à les rendre en sachant se faire obéir, sans parvenir à se faire aimer, il expose ses propres idées sur tout ce qui doit « constituer définitivement l'Algérie », ses efforts pour améliorer l'état de ces admirables soldats. Après avoir dit qu'il faudrait rétablir « le chemin que suivit Bélisaire lorsqu'il reprit Sétif, après avoir échoué sur Djémila, » il demande au roi « que l'arc de triomphe de Djémila, le plus complet des monuments romains que l'armée ait visité en Afrique, puisqu'elle n'a pas encore été voir les constructions admirables de Lambessa, soit démonté pierre par pierre et transporté à Paris, comme consécration et trophée de la conquête de l'Algérie ». Il ajoute : « Depuis neuf ans, plus de cent mille Français, dont vous avez voulu que vos fils partageassent les dangers et les travaux, ont conquis à la France et à la civilisation un vaste empire, ont construit des routes, bâti des établissements de tout genre, bravé bien des périls, supporté bien des privations. Ce serait une récompense digne de leurs travaux que d'élever sur une des places de la capitale le plus beau souvenir qu'ait laissé dans notre nouvelle conquête le grand peuple que nous devons y prendre pour modèle. Je suis sûr que tous ceux qui ont porté les armes en Afrique et qui ont dépensé dans ce difficile pays le sang et la santé, seraient fiers de le voir à Paris avec cette simple inscription : L'armée d'Afrique a la France. »

Quelques jours plus tard, il écrit dans un élan d'humanité, avec une forme saisissante et très modestement : « On peut dépenser la vie des hommes de toute manière pour un intérêt public, on ne peut pas, par économie ou par d'autres motifs pires encore, condamner à mort chaque année des milliers de soldats. Quand on déclare qu'on est en Afrique pour des siècles, on ne peut laisser pour des siècles une armée sans lits, sans abris, sans matelas, sans hôpitaux, sans médicaments, sans ustensiles et presque sans médecins... J'attacherai ma gloire à ce que l'amélioration du sort des soldats date du voyage du prince royal ; je mettrai plus d'ambition à la conquête d'un matelas et d'un toit pour les malades qu'à la prise d'une place forte. Ma plus belle campagne sera celle qui me fera obtenir quelques milliers de lits et de mètres courants de baraques pour les soldats français servant activement leur patrie. »

Dans les nombreuses citations que j'ai faites, j'ai omis bien des choses et bien des pages d'où se détache avec éclat l'âme du prince avec ce qui la remplissait par-dessus tout, l'amour de l'armée et la passion de la patrie. Par exemple, un soir de marche, le 18 octobre, entendant le 2ᵉ léger, « qui est un crâne régiment, composé presque exclusivement de Méridionaux », entonner la *Marseillaise de l'Afrique* :

> Allons, soldats de l'Algérie,
> Le jour de gloire est arrivé,
> Contre nous, de l'Arabie
> L'étendard sanglant, etc.

il écrit : « Ainsi s'achève une journée qui eût été bien dure, si la bonté et la vigueur du soldat n'eussent tout surmonté. En vivant dans un pays de sauvages, entouré de ces braves gens, en voyant leurs figures bronzées et leur attitude fière dans des vêtements râpés jusqu'à la corde, en causant avec ces hommes énergiques et résignés, on retrouve la patrie ; car un tel camp, c'est la France, et ces hommes, c'est la véritable élite de la nation. » Et encore du même ton et de la même note, après avoir ainsi décrit la place où il est : « Nous suivons la voie romaine, tracée militairement en dominant les crêtes ; tous les postes sont parfaitement marqués ; leur enceinte existe encore et pas une pierre ne manque. La domination romaine est morte ici, son squelette est entier et, en l'étudiant, on voit ce que fut pendant sa vie ce colosse que rien n'a pu faire oublier, depuis le temps où il a disparu et que nous tentons vainement de parodier ici. » Il termine par cette pensée dont le temps a accru la beauté : « Dans la halte qu'y fait la colonne, une discussion s'engage sur les véritables idées patriotiques, sur la manière de comprendre l'indépendance et la défense de la France, et certes les paroles prononcées du haut de l'Atlas par des hommes servant avec dévouement une patrie souvent ingrate et toujours aimée, valaient bien les discours tenus par d'autres hommes à une autre tribune. » Elles valaient beaucoup mieux, et nous avons depuis cruellement ajouté à leur vérité. Ce qui reste vrai encore et plus vrai que jamais, c'est que l'armée est l'élite de la nation et que, quoi qu'on ait fait pour l'altérer, elle est encore l'asile où on adore sans hérésie, sans mélange et sans réserves, la statue de la patrie mutilée. Qu'ajouter maintenant ? Avais-je tort de dire qu'on ne connaissait pas le duc d'Orléans et que ces volumes, publiés par ses fils, profiteraient singulièrement à sa mémoire ?

Je vois bien ce qui a manqué à cette brillante nature. On disait de son père, à tort sans doute, qu'il était le dernier des voltairiens.

Le prince avait été élevé et avait grandi à une époque où on se trompait en croyant que le sentiment religieux était presque inutile à la grandeur humaine. On avait vu tant de choses faites sans lui et même contre lui, et parmi elles il y en avait de glorieuses. On aurait souri si Napoléon lui-même avait adressé à ses troupes cet admirable commandement d'un général russe, avant la bataille : « Après la prière du soir et du matin, vous chanterez cet hymne : Dieu des armées ! sois avec nous, car dans la peine nous n'avons d'autre ami que toi. Dieu des armées ! bénis-nous ! »

Le duc d'Orléans n'a pas non plus assez regardé la Révolution. Il ne l'a regardée que d'un côté. Il n'a pas vu les vices énormes que, avec des bienfaits, elle a comme établis dans les cœurs et dans les esprits. Il n'a pas deviné les désordres sans fin que son culte falsifié a amenés au sein de l'ordre social. Sa pensée n'a pas suffisamment dépassé la limite du temps où il a vécu. Il n'a pas pressenti cette tempête de matérialisme et de corruption pécuniaire qui, jointe à la diminution des consciences, à l'exaltation des appétits et à la médiocrité grandissante et triomphante, nous a mis où nous sommes. Il a cru que cette démocratie débordée pouvait être contenue dans les barrières étroites et pleines de meurtrières d'institutions insuffisantes et fragiles. Son courage et son libéralisme s'y plaisaient. Que dirait-il aujourd'hui? Sa foi politique lui serait-elle encore plus chère que son drapeau religieux? Il comprendrait, je le crois, à la lueur de tant d'éclairs et de tant d'incendies, qu'une démocratie sans religion est comme un vaisseau sans boussole et qui s'avance vers le couchant des sociétés. Il a, dans ce testament qui a rencontré des critiques, exprimé une pensée que je trouve très forte, que j'ai recueillie de la bouche d'un autre prince et que j'ai rapportée ici même. Il y parlait de son fils : « Personne ne peut savoir ce que sera cet enfant, lorsqu'il s'agira de reconstruire sur de nouvelles bases une société qui ne repose aujourd'hui que sur les débris mal assortis et chaque jour mutilés de ses organisations précédentes. »

N'y a-t-il pas là comme une vision de l'œuvre de résurrection que Dieu permettra peut-être un jour à quelqu'un de tenter et d'accomplir? En tout cas, quel que soit l'ouvrier, c'est l'œuvre rendue nécessaire et sans laquelle nous finirions comme ces Romains de la décadence, dont beaucoup mouraient *nimia repletione*.

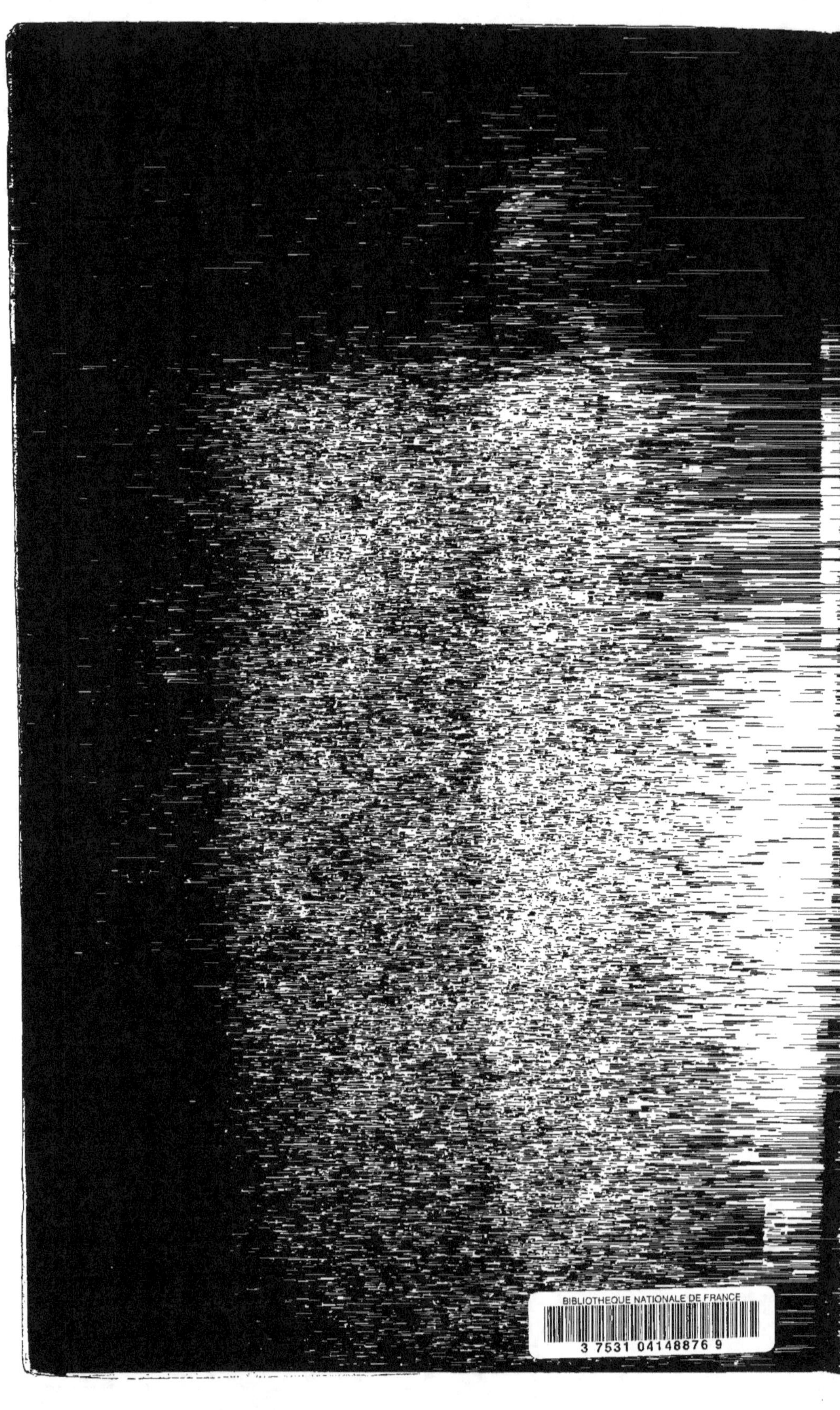
BIBLIOTHEQUE NATIONALE DE FRANCE
3 7531 04148876 9

www.ingramcontent.com/pod-product-compliance
Lightning Source LLC
LaVergne TN
LVHW012104030726
842523LV00002B/709